QUELQUES MOTS

SUR LES ILES

VOISINES

DES COTES DE FRANCE,

ET EN PARTICULIER

SUR

L'ILE DE NOIRMOUTIER,

Par A. RIVIÈRE.

(Extrait du *Dictionnaire pittoresque d'histoire naturelle.*)

QUELQUES MOTS

SUR LES ILES

VOISINES

DES COTES LA FRANCE,

ET EN PARTICULIER

SUR

L'ILE DE NOIRMOUTIER.

———

NOIRMOUTIER (île de). (GÉOGR.) Qui se nommait autrefois *Her*, *Héro*, *Hério*. Elle a tiré son nom de Noirmoutier, *Monasterium nigrum*, d'une abbaye de moines noirs ou bénédictins, qui fut fondée par saint Philibert. Elle est située dans l'Atlantique, à l'extrémité nord-ouest du département de la Vendée, auquel elle appartient.

A l'ouest du continent, on aperçoit l'île de Noirmoutier, qui n'est séparée de la terre ferme que par un détroit de 1,800 mètres de largeur, et qu'on nomme *Fromentine*. Les voyageurs qui n'osent pas se confier au gué de la Crosnière traversent ce détroit en bateau, et vont aborder à la pointe sud-est de l'île, au village de la Fosse. La superficie de l'île est de 4,500 hectares. Sa forme est très-irrégulière ; son plus grand axe, du sud-est au nord-ouest est de 10,000 mètres. Depuis la Fosse jusqu'au village de la Guérinière, situé à peu près à la moitié de sa longueur ; sa largeur moyenne est tout au plus de 2,000 mètres. Elle augmente en avançant vers le nord-ouest ; et dans l'endroit le plus large, elle est à peu près de 6,000 mètres. Une baie, qui s'enfonce du nord-est au sud-ouest, vers le centre de l'île, contribue à rendre sa forme irrégulière ; et c'est avec assez de fondement que ses habitans la comparent à une épaule de mouton. Le clocher de la ville de Noirmoutier se trouve placé à 47° 0′ 3″, 90 de latitude, et à 4° 34′ 41″, 40 de longitude.

A l'est, au sud et au sud-ouest, l'île de Noirmoutier est entourée d'une ceinture de sables mouvans, dont la superficie est de 760 hectares ; une autre plage de sable, de 166 hectares, sépare deux plaines qui constituent toute la partie productive de l'île. La première, située dans la partie orientale, est celle de Barbâtre et la Fosse, composée en totalité d'un terrain conquis sur la mer ; elle contient 500 hectares ; elle est garantie au nord-est par de fortes digues ; son sol est un limon gras, dont la couche, de 13 mètres à 14 mètres 50 centimètres d'épaisseur, est assise sur le sable. Les sables dont je viens de parler, sont transportés, par les vents d'ouest et du sud-ouest, sur cette plaine, dont la superficie diminue chaque jour.

La plaine de Noirmoutier, exposée comme la précédente à l'invasion des sables, contient 3,000 hectares, dont 4,800 sont employés à la culture du blé. Le reste est occupé par les marais salans, les prairies, les canaux, les chemins et quelques landes stériles. Elle est revêtue d'une couche de terre qui varie selon ses diverses positions.

Abstraction faite des dunes, l'île paraît très-plate. Ses côtes, au sud et à l'ouest, sont hérissées de roches qui s'élèvent peu au dessus du niveau des marées moyennes. Au nord-est et au nord, la côte est plus escarpée. A l'ouest, elle est assez basse pour exposer l'île aux invasions de la mer, dont les eaux, pendant les grandes marées, s'élèvent à 4 mètres 50 centimètres au dessus du sol. L'île de Noirmoutier offre le coup d'œil le plus monotone. Dans l'intérieur, on ne voit pas une source d'eau vive, pas le moindre petit ruisseau, pas un seul arbre à l'ombre duquel le voyageur puisse tempérer un instant l'ardeur du soleil.

Le port de Noirmoutier est le premier qu'on rencontre au nord-ouest du département de la Vendée. Sa proximité de la Loire, et la bonne tenue de sa rade, à fond de vase, abritée par les terres de l'île, le rendent très-avantageux au commerce.

Le commerce de Noirmoutier ne consiste que dans l'importation du sel qu'on fabrique dans les marais salans, et du blé que le sol produit. Les habitans ont un caractère naturellement enclin à la gaîté. Ils sont hospitaliers; et nulle part, les étrangers ne sont accueillis avec une cordialité plus franche. La population de l'île excède 7,000 âmes, et on peut dire sans se tromper que c'est un des points du globe les plus peuplés et les plus intéressans pour le naturaliste; mais je dois renvoyer les détails sur ce sujet à l'excellent mémoire de

M. Bertrand-Geslin, ainsi qu'à l'essai d'une description générale de la Vendée que je publie dans ce moment. De plus, lorsqu'il s'agira des diverses îles de l'ouest de la France, j'aurai toujours en vue d'omettre les détails et de renvoyer par conséquent le lecteur à l'ouvrage dont je viens de parler, et aux différens mémoires que j'ai écrits sur la France occidentale ; le plan du Dictionnaire m'oblige à suivre cette marche.

Le sol de l'île de Noirmoutier est formé de gneiss, de mica-schiste, de hyalomicte, de granite, de pegmatite, de talc-schiste, de quartzite, de grès, de sables et d'alluvions. On voit d'après cela que dans une très-petite étendue ce pays offre au géologue une grande variété de terrains, qui, eux-mêmes, ne sont pas moins remarquables par leurs associations.

Vis-à-vis de l'île de Noirmoutier se trouve l'île de Bouin. Elle est située sur la baie de Bourgneuf, qui était autrefois beaucoup plus étendue qu'elle ne l'est aujourd'hui. Les attérissemens qui en ont comblé la plus grande partie, ont tellement rapproché cette île du continent, qu'elle n'en est plus séparée, au midi et à l'orient, que par un canal de quelques mètres de largeur. Dans son origine, ce n'était qu'un simple rocher de grès calcarifères tertiaires, d'environ 60 hectares de superficie, qui s'est étendu à plus de 3,000 hectares, et qui s'étend chaque jour par des alluvions successives. Sous le rapport de son mode d'accroissement et relativement aux lambeaux de plages de galets et de bancs d'huîtres analogues aux buttes coquillères de Saint-Michel-en-l'Herm qu'on y aperçoit, l'île de Bouin est digne de l'étude du naturaliste ; car c'est principalement sur les côtes de la Vendée que l'on peut se former une opinion exacte sur les alluvions marines.

Le clocher de Bouin se trouve placé à 46° 58′ 31″,72 de latitude, et à 4° 19′ 68″,97 de longitude. L'île est entièrement agricole, et n'a d'autre commerce que l'exportation de ses denrées, qui consistent en blé, en bestiaux et en sel. Quatre grands canaux qui la traversent de l'est à l'ouest, facilitent l'écoulement des eaux pluviales, et reçoivent de la mer les eaux nécessaires pour alimenter les marais salans.

L'îlot du Pilier, qui n'est éloignée au nord-ouest de l'île de Noirmoutier que par une distance de 5,000 mètres, est un rocher tout nu et très-escarpé, n'ayant pas la moindre importance, sous le rapport de l'agriculture et du commerce. Mais sa position, vis-à-vis de l'embouchure de la Loire, a déterminé depuis long-temps à y placer une vigie, dont les signaux peuvent tenir les bâtimens en garde contre les ennemis qui croisent le long des côtes en temps de guerre. Le gardien de cette vigie est le seul habitant de l'île, qui ne lui fournit que de l'eau, du poisson et quelques légumes. Le toît hospitalier de cette espèce d'ermite a souvent été le refuge des malheureux matelots que la tempête jette de temps en temps sur cette côte sauvage.

Au sud de ces îles on trouve l'île Dieu (d'Yeu) qui est située à 20,000 mètres à l'ouest du continent, et dont la superficie est de 2,800 hectares. Prise dans sa longueur, projetée du sud-est au nord-ouest, elle est terminée par une côte escarpée, inaccessible, formée de rochers énormes, profondément enracinés dans une mer sans rivage, au dessus de laquelle ils s'élèvent à une hauteur de 25 mètres. Ces masses gigantesques frappent l'œil du spectateur, par la singularité de leurs formes, leurs contours, leurs enfoncemens, leurs saillies , et donnent lieu en plusieurs endroits à une perspective vraiment pittoresque. Tel est entre autres, au centre de la même côte, un château ruiné, de forme quadrangulaire, flanqué de ses quatre tours, assis sur la croupe d'un énorme rocher, dont il couvre la surface, séparé de la terre voisine par un fossé profond que la mer remplit et laisse à sec deux fois par jour. Sur ce fossé était jadis un pont de bois qui formait la communication du château avec une foule d'ouvrages, actuellement en ruine, qui le couvraient du côté de la terre ferme, où ils occupent un grand espace.

La côte orientale est unie, basse, sablonneuse ; elle n'a que l'élévation nécessaire pour contenir la mer, et l'empêcher de se répandre sur les terres, qui, de ce côté, sont presque partout à son niveau. Des bancs de rochers peu élevés, et que la mer couvre au moment de sa plus grande élévation, se prolongent comme autant de môles , perpendiculairement au rivage, et le divisent en plusieurs anses qui offrent partout un abordage sûr et facile aux chaloupes et autres petits bâtimens. De cette espèce est le port principal de l'île, situé au centre de la côte orientale, abrité par les rochers qui le renferment de trois côtés, par trois môles en maçonnerie, réunissant ensemble une longueur de 300 mètres. En face, et sur le plan de ce port, s'élèvent, au nombre de 360 environ, les maisons du principal établissement de l'île, nommé le Port

Breton. Ces maisons, partie à un étage, sont dis-
tribuées en rues assez régulières. Elles sont la plupart bien éclairées, soigneusement crépies, et d'une
propreté recherchée dans l'intérieur.

L'île entière n'est qu'un vaste rocher de gneiss
identique à celui de la côte nord-ouest des Sables
d'Olonne, et dont la surface irrégulière est couverte
d'une couche de terre végétale dont l'épaisseur,
de trois mètres dans les lieux les plus bas, va toujours en diminuant sur les hauteurs, où l'on voit
souvent le roc à nu. Cette conformation de la surface offre une grande variété de sites, et présente
le tableau en miniature d'un pays étendu. On y
trouve des monticules, des plaines, des vallons,
traversés par des ruisseaux; et même des marais,
c'est-à-dire des marais d'eau stagnante, que les
sables accumulés sur la côte de l'est empêchent
d'arriver à la mer, si ce n'est par des saignées pra-
tiquées à cet effet, et soigneusement entretenues.
Ces inégalités du terrain bornent la vue et empêchent l'habitant d'embrasser d'un coup d'œil l'é-
troite enceinte de l'espèce de prison dans laquelle
il est renfermé.

La terre végétale sur laquelle gisent souvent des
restes de monumens celtiques, est ordinairement
sablonneuse et peu fertile. La moitié de l'île est
consacré à la culture : l'autre moitié est occupée
par des bruyères, seul vestige d'une forêt dont
cette partie du sol était autrefois couverte, et dont
la destruction rend très-pénible la nécessité de
chercher sur le continent le combustible indispen-
sable aux besoins de la vie. Des sources d'eau vive
se trouvent dans le roc et presque à la surface,
elles suffisent habituellement; mais dans de longues

séchcresses, la disette de cet élément expose à de grands maux.

Les habitans de l'île Dieu végètent péniblement sur une terre ingrate, où ils sont quelquefois exposés à mourir de soif; le sol ne produit pas la moitié du blé et de la viande dont ils ont besoin pour se nourrir; ils n'y trouvent ni bois, ni lin, ni chanvre, ni une foule de denrées et d'objets utiles; les habitans de l'île Dieu, qui, pour tirer toutes ces choses du continent, sont forcés de solliciter des permissions qui se font souvent trop long-temps attendre, ne paraissent pas dans une position digne d'envie. Cependant, ils sont tellement attachés au rocher qui les a vus naître, que la plupart ne pourraient se résoudre à vivre sur le continent, où leur existence deviendrait sans doute moins précaire et plus douce : sous ce rapport, ils ressemblent aux habitans de certains marais qui ne comprennent point qu'il y ait d'autres contrées, un autre monde, enfin, que la petite plaine inondée au-delà de laquelle ils n'ont pas même porté leurs idées.

L'île de la Dive située dans l'ancienne rade de l'Aiguillon, appartient encore au département de la Vendée. Cette île, vu ses étroites dimensions, ne paraît être digne d'aucun intérêt; mais une circonstance qui s'y rapporte, et qui mérite de fixer l'attention du géologue; c'est que du temps du relevé topographique de Cassini, elle était réellement une île, tandis que, il y a peu d'années, je l'ai trouvée tout-à-fait réunie au continent. Les attérissemens qui se sont produits depuis l'exécution du travail de Cassini ont rattaché au continent l'île de la Dive. Le sort des diverses îles qu'on reconnaît encore dans les marais lui est donc réservé.

Au reste, il est certain que l'Océan se retire chaque jour de certaines parties des côtes de l'ouest de la France ; les marais de la Vendée, des Deux-Sèvres et de la Charente-Inférieure en sont une preuve irrécusable. Mais, d'un autre côté, la mer aurait envahi des terrains peu éloignés des alluvions, s'il était permis d'ajouter une entière confiance à divers traits de l'histoire du Poitou et de la Bretagne, ainsi qu'à plusieurs anciennes cartes qui sont à la Bibliothèque royale. Une tradition, qui n'est pas sans vraisemblance, fait croire aux habitans de Noirmoutier que le Pilier était autrefois lié à leur île. On assure que dans le détroit qui sépare actuellement les deux îles, et dont le fond est d'ailleurs plus élevé qu'il ne devrait l'être, s'il eût toujours été le domaine de la mer, on a trouvé, à une assez grande distance de la côte, plusieurs assises de briques cimentées : il paraît même que, vers le commencement du douzième siècle, Noirmoutier et le Pilier se communiquaient encore par une digue. Une abbaye de bernardins fut fondée au Pilier, qui, sans doute, était alors beaucoup plus étendu qu'aujourd'hui ; des hommes dignes de foi ont assuré à mon savant ami et collaborateur M. Cavoleau, avoir lu dans une vieille chartre que Pierre de la Garnache, ancien seigneur de Noirmoutier, voyant que la digue se dégradait, et que les moines blancs étaient menacés de manquer bientôt de toute espèce de provisions, par l'isolement où la destruction de cette digue devait les placer, les transféra à Noirmoutier, où ils formèrent l'abbaye blanche, qui a subsisté jusqu'à la révolution de 89.

Les plus anciennes cartes font tenir l'île de Noirmoutier au continent par sa partie nord-est ;

d'autres n'indiquent plus qu'une langue de terre servant de lien, et représentant plusieurs petites presqu'îles, tout-à-fait séparées maintenant de l'île de Noirmourtier ; je citerai encore l'îlot de Pilier. Outre cela, des forts placés dans l'intérieur de l'île Dieu se trouvent actuellement sur le rivage.

Je reviendrai dans la suite sur les marais, les dunes, les plages, etc., et sur la manière d'être des habitans de ces lieux, dont on n'a une idée juste que lorsqu'on les a vus et fréquentés.

Plus au nord de toutes ces îles on trouve Belle-Ile, qui était autrefois appelée Guedel et Vindilis ; elle a environ 26 kilomètres carrés de superficie. Elle est accidentée, formée de schistes verdâtres anciens, couverte de gras pâturages et la plus riche de celles qui dépendent du département du Morbihan. Elle nourrit assez de bestiaux, elle exporte annuellement près de 800 chevaux de trait de la plus belle race, elle renferme 8,000 habitans environ, trois petits ports et le bourg du Palais, défendu par un château. A Belle-Ile, on jouit d'un climat doux et égal ; on y trouve des sources d'eau excellente ; mais cette île doit être surtout riche en algues aux yeux du botaniste.

L'île de Croix, Groix, ou Croaix, qui renferme 3,000 habitans environ, est très-importante par sa situation. Elle est haute et paraît de loin ; ses côtes occidentale et méridionale sont belles, et il y a plusieurs points de son contour où l'on pourrait former des ports de refuge. Le sol de l'île est un rocher recouvert par une couche mince de terre végétale, mais néanmoins assez fertile dans les parties orientale et septentrionale. Le reste ne présente que des landes et des pâturages. Le point

culminant de Croix qu'on appelle le Grand Mous-
tero, a environ 4o mètres au dessus du niveau de
la mer. Les productions de la partie cultivée consistent en céréales et en légumes secs. Les habitans, marins et pêcheurs, sont réputés à cause de
leur intrépidité, qui les a fait surnommer les Loups
de mer. On remarque à Croix différens restes de
monumens druidiques, plusieurs cavernes parmi
lesquelles on cite le Trou d'enfer, le Trou du ton-
nerre, la Grotte aux moutons, et la Grotte aux
Pigeons.

Non loin des deux précédentes est l'île aux
Moines, qui doit son nom à un ancien monastère
dont on voit encore quelques ruines. Le terrain y
est fort inégal, entrecoupé de coteaux et de vallons;
mais il est cultivé avec beaucoup de soin. Outre
des plantations de céréales, de lin et de chanvre,
on y trouve quelques vignobles. L'île ne renferme
ni Chevaux, ni Moutons, on y remarque seulement des Vaches en assez grand nombre. Il y existe
un beau dolmen double que les habitans nomment
Autel du sacrifice; on y a aussi découvert plusieurs
tombeaux de pierre grossièrement taillée, et qui
contenaient outre des fragmens de statues impar-
faitement exécutées, plusieurs lames de cuivre et
de silex. Comme la majeure partie des hommes
sont marins, les femmes cultivent les terres, elles
labourent et sèment, employant la charrue attelée
de deux bœufs.

De là nous passons à l'île d'Arz. Les habitans de
cette île sont tous marins; les femmes seules y
cultivent la terre, qui produit du froment, un peu
de mil, de lin et de chanvre, ainsi qu'une grande
quantité de pommes de terre. L'île d'Arz possède

aussi quelques vignobles ; mais elle ne fournit ni bois, ni joncs, ni broussailles. Les pauvres gens y sont réduits à brûler des plantes marines. Arz renfermait autrefois un grand nombre de monumens celtiques ; on y remarque encore un cromlec, plusieurs dolmens et un menhir.

Enfin près de ces dernières îles on trouve l'île de Hoedic et celle de Houats. Toutes deux sont peuplées de pêcheurs et la première est susceptible de défense par son petit fort entouré d'un fossé.

Il y a encore plusieurs petites îles ou îlots (le Glôbe, la Pierre-moine, le Dumet, Belair, Laux-chevaux, ceux de Glenan, etc.), dans la contrée que nous avons examinée ; mais vu leur peu d'importance, nous n'en parlerons pas. Au reste, pour compléter le chapitre des îles voisines des côtes de France, nous ajouterons les lignes suivantes.

Vers l'extrémité occidentale de la Bretagne, à deux lieues de la pointe appelée Bec-du-Raz, s'élève au milieu d'un labyrinthe de passes dangereuses et d'effroyables écueils, un plateau rocailleux, autrefois séjour de ces prêtres druides, qui, pour rendre leur autorité plus imposante et plus révérée, s'isolèrent dans les forêts et sur les rochers. Ce plateau est l'île de Sein ou des Vieillards, aujourd'hui habitée par de pauvres pêcheurs, chez qui les tribulations d'une vie pénible et périlleuse n'ont fait que réveiller la bienveillance et l'humanité. Soixante-dix cabanes environ y renferment de grandes vertus hospitalières.

Vis-à-vis les côtes de Bretagne, on trouve encore les îles d'Ouessant, de Beniguet, de Molène, de Bannec, de Lityry, de Banalec, de Baz, de Chaussay, de Méloine ou d'Elven, des Cadoros et une multitude de petits îlots ou de simples rochers dangereux pour la navigation. En poursuivant plus au nord, jusqu'aux côtes de Belgique, nous verrons successivement enfin les Sept îles, celles de Tome, de Brehat, de Jersey, de Cers, de Grenesey ou Guernesey, d'Aurigny, de Saint-Marcou, et l'île Pelée.

L'île Uxantis, nom grec que portait Ouessant dans l'antiquité, était située à l'ouest du pays des Osismii, anciens peuples de la Gaule, qui occupaient la partie la plus occidentale de l'Armorique, à une lieue 3/4 de l'est à l'ouest, et à une lieue dans sa plus grande largeur. Les côtes d'Ouessant, découpées par une foule de baies, sont très-escarpées, et on ne peut guère y débarquer que dans quelques petites anses. Depuis l'île jusqu'au Conquet, sur la côte de Bretagne, on voit se prolonger une suite d'îlots, de rochers et de bancs de sable qui rendent en cet endroit la navigation fort difficile pour des marins étrangers au pays. Le terrain est, du reste, assez fertile, et dans certaines localités on rencontre des prairies où on élève des Chevaux et de nombreux troupeaux de Moutons. La branche principale du commerce dans cette île est la pêche ; celle des Sardines y est très-abondante et se fait avec beaucoup d'activité. On ne trouve à Ouessant qu'un port de pêche de peu d'importance, un château fort et quelques hameaux, dont le plus considérable, situé au nord, s'appelle Kerradenec. L'île a une population de marins qui monte environ à 1,900 habitans. On y voit des Chevaux de la hauteur d'une Chèvre ; ils y sont à très-bas prix.

En 1778, la flotte française, sous les ordres de

D'Orvilliers, se battit, dans les eaux d'Ouessant ;
contre la flotte anglaise, commandée par Keppel ;
nos marins se firent remarquer par leur incroya-
ble tenacité ; les deux flottes se causèrent mutuel-
lement des pertes effroyables par les bordées d'une
artillerie également bien servie ; des abordages
terribles, des navires désemparés, incendiés,
couverts de sang et de cadavres : voilà les ré-
sultats et l'aspect de cette sanglante et horrible
mêlée ; la victoire resta indécise.

La partie orientale de la petite île de Baz est
montueuse et coupée par des montagnes bizarre-
ment groupées. On ne rencontre dans cette île
qu'une seule fontaine, encore est-elle couverte de
six mètres d'eau à toutes les marées ; mais elle
fournit une eau limpide et légère. On y voit trois
villages principaux ; les hommes font de la pêche
leur principale occupation, tandis que les femmes
cultivent la terre. La petite île de Chaussey renferme des carrières de granite et nourrit beaucoup
de Lapins. Les îles d'Aval, d'Amon et de Bastin
composent le groupe de Saint-Marcou ou Marcouf ;
elles ont de bons pâturages, mais elles sont désertes.

A six lieues des côtes occidentales du département de la Manche, on aperçoit Jersey, l'île de
Sarnia, de l'itinéraire d'Antonin, qui est défendue
au nord par des rochers de 60 mètres d'élévation
ainsi que par des sables mouvans, et qui s'abaisse
au sud presque au niveau de la mer. L'étendue de
cette île, d'orient en occident, est de quatre lieues,
et de deux du nord au midi. Le centre est occupé
par des montagnes ; le sol est fertile ; les forêts de
pommiers qui la couvrent s'opposent à la culture
des céréales, mais elles fournissent annuellement

26,000 pipes de cidre, et de nombreux bestiaux paissent à leurs pieds. Guernesey, plus au nord, d'une largeur égale à la précédente, est moins longue qu'elle d'une lieue, et présente une végétation variée. Le bois y est rare, et le varec que la mer rejette sur ses côtes y sert à la fois d'engrais et de combustible. La petite île de Sark, auprès de cette dernière, est entourée de rochers ; elle produit assez de grains pour la consommation de ses habitans ; son intérieur abonde en Lapins, ses côtes en oiseaux aquatiques, et l'air y est exempt de brouillards. Au nord de ces îles, et à trois lieues seulement du cap de la Hogue, on trouve Aldernay ou Origny, qui fut connue des Romains sous le nom d'*Arica*. Elle est petite et assez fertile pour que ses grains soient un objet d'échange important. Enfin, vis-à-vis de la pointe de Land's-end, on voit les petites îles Scilly ou Sorlingues ; elles sont au nombre de cent quarante-cinq, dont cinq seulement sont habitées. On y trouve beaucoup de monumens druidiques ; Anney, surtout, est remarquable par de nombreux bassins en pierre qui doivent avoir servi au culte des Celtes. Il parait même que cette île, aujourd'hui inhabitée, était jadis plus grande, puisqu'à marée basse on aperçoit les fondations de plusieurs édifices que la mer a détruits. Toutes les îles dont je viens de parler, depuis Jersey jusqu'au groupe de Scilly, appartiennent à l'Angleterre et sont généralement nommées îles anglo-normandes.

Au sud de Noirmoutier, dans le golfe de Gascogne, on trouve l'île de Ré, qui est située à 46° 14′ 49″ de latitude nord, et à 3° 53′ 40″ de longitude ouest, à une lieue des côtes de l'Aunis, et qui a sept lieues de long sur trois de large, et onze lieues carrées de surface. Le sol en est peu élevé, inégal, bien cultivé, mais dépourvu d'ombrage. Le rivage de l'ouest présente des escarpemens inabordables, au lieu que celui du sud offre au contraire des anses, des rades et des ports. L'île de Ré est formée, comme l'île d'Oléron, de calcaire crétacé et d'alluvions marines. On retire des marais une prodigieuse quantité de sels qui l'emportent en qualité sur ceux des îles Britanniques, où il s'en fait une grande exportation. Les vignobles sont la principale richesse des habitans, qui commercent en vins rouge, blanc, en vinaigre, eau-de-vie, planches, mâtures, morue et autres poissons salés. Cette île appartient au département de la Charente-Inférieure et contient 17,000 habitans et trois petites villes : Saint-Martin-de-Ré, Ars, La Flotte, avec des ports commodes.

L'île d'Oléron, appelée *Uliarus* et *Olario* dans l'antiquité, était située vis-à-vis l'embouchure du *Carantonus* (la Charente), qui traversait le pays des *Santones*, dans la Gaule occidentale. Cette île, baignée aujourd'hui par les eaux du golfe de Gascogne (*Cantabricus sinus*), fait partie du département de la Charente-Inférieure. Située au nord de l'embouchure de la Gironde et au sud de l'île de Ré ; elle en est séparée par le pertuis d'Antioche, large de trois lieues. Le détroit qui sépare sa pointe sud-est de la terre ferme n'a qu'un quart de lieue dans sa plus grande largeur. Cette île a six lieues de long du nord-ouest au sud-est, deux lieues un quart de large, et seize lieues de tour environ. A la pointe nord-ouest, qui s'avance assez loin dans la mer, s'élève la tour de Chassiron, sur le haut de laquelle est un phare qui montre pendant la nuit aux navigateurs l'entrée du pertuis d'Antioche. Son sol produit abondamment du blé, du seigle, de l'orge, du maïs, des fèves, d'excellens légumes, et des vins blancs et rouges, dont une partie sert à faire de l'eau-de-vie. Sur la côte on rencontre de nombreuses salines d'où l'on tire des sels d'une qualité supérieure. L'île d'Oléron, peuplée de nos jours par 15,992 habitans, après être restée long-temps dans la possession des comtes d'Anjou et des ducs d'Aquitaine, fut réunie à la couronne par Charles V; puis elle tomba au pouvoir des Anglais avec la Guyenne, et ne revint à la France que sous Charles VII. Pendant les guerres longues et désastreuses de la ligue, elle fut prise et reprise plusieurs fois par tous les partis; elle suivit enfin les destinées du royaume lorsqu'Henri de Navarre monta sur le trône, sous le nom d'Henri IV, et Louis XIV, qui en comprit toute l'importance, sous le rapport militaire, y fit construire les fortifications qui la défendent encore.

Saint-Pierre, au centre, et Oléron, sur la côte sud-est, sont les premiers lieux de cette île; Oléron, appelé aussi Château de l'île d'Oléron, est situé à deux lieues nord-ouest de Marennes, et à sept lieues sud de La Rochelle; c'est un chef-lieu de canton; latitude nord 43° 11′ 11″, longitude ouest 2° 56′ 30″. Cette petite ville est une place de guerre de troisième classe; elle est protégée par un château fort, et sert de résidence à quelques agens consulaires; elle fait le commerce des vins, de l'eau-de-vie et du sel, et a 2,600 habitans.

L'île d'Aix, située à deux lieues nord-ouest environ de l'embouchure de la Charente, est une place de guerre qui appartient au département de la Charente-Inférieure; elle renferme un village dont les habitans sont pêcheurs pour la plupart. Cette île est renommée parmi les géologues par rapport à un gîte de lignite qui s'y trouve et qui se lie intimement avec le terrain oolitique qu'il recouvre. Le lignite de ce dépôt appartient en général à la variété pisiforme; il est accompagné de sables verts, de marne, de silex corné passant à la calcédoine, de cristaux de quartz, de noyaux ou de cristaux de pyrites et de noyaux d'une résine jaunâtre qu'on a regardée comme du succin, mais dont on a cru faire une espèce minérale sous la désignation de succinite, parce que, d'après les analyses de M. Berthier, elle ne contient pas sensiblement d'acide succinique, ce qui la distingue du succin des terrains supérieurs. Les animaux de ce lignite sont marins et semblables à ceux des terrains crétacés. On trouve en général passés à l'état siliceux la *Gryphœa aquila*, la *G. columba*, le *Pecten quinquecostatus*, le *Spatangus coranguinum*, etc. Au reste, les fossiles les plus abondans de ce gisement sont des végétaux passés, soit à l'état charbonneux, soit à l'état siliceux, et dont les principaux sont le *Fucus Orbignanus*, le *F. tuberculosus*, et les Ostérites *caulinœformis*, *lineata*, *bellovesana* et *elongata*. J'ai observé aussi dans d'autres localités en Vendée, à Commequiers, par exemple, des dépôts analogues, et qui probablement étaient jadis la continuation des grès verts de l'île d'Aix.

L'îlot nommé Cordouan termine enfin la série d'îles, d'îlots, de rochers, etc., qui se trouvent dans l'Océan auprès des côtes de la France.

D'un autre côté, on trouve dans la Méditerranée diverses îles, îlots ou rochers qui avoisinent aussi les côtes de la France.

Les îles d'Hyères sont situées près des côtes de la Provence et font partie du département du Var. Les principales qui composent ce groupe sont les îles Porquerolles, Portecroz ou Port-Croz, Bagneau, et celle du Levant ou Titan. Porquerolles, la plus grande et la plus à l'ouest, est la plus boisée et renferme environ cent habitans : il y a un fort avec une petite garnison. Portecroz est la plus élevée et la plus fertile ; elle est couverte de lavande et de fraisiers ; elle a un petit port, ainsi qu'une population de cinquante habitans environ. Elle renferme aussi un fort et une faible garnison. Les autres îles sont incultes et inhabitées ; mais elles produisent beaucoup de plantes aromatiques et médicinales. Pendant les guerres du siècle dernier, les Anglais et les corsaires barbaresques venaient quelquefois faire de l'eau à une source qui se trouve dans Titan. Les îles d'Hyères, qu'on a confondues souvent avec la ville de ce nom, vues du rivage, forment un groupe qui se dessine bien sur l'horizon ; elles n'offrent aucun oranger et nullement le coup d'œil des jardins de la vallée ou, pour mieux dire, de la plaine d'Hyères ; mais elles procurent beaucoup de gibier, surtout des Macreuses, aux chasseurs du continent qui vont y faire de fréquentes descentes. Elles étaient appelées *Stœchades* par les Romains ; ensuite elles reçurent le nom d'îles d'Or, et enfin celui qu'elles portent aujourd'hui. De plus, on a cru y trouver la célèbre île de Calypso.

Les deux petites îles nommées Lérins sont situées près des côtes de la Provence, vis-à-vis de Cannes. La plus grande s'appelle Sainte-Marguerite; elle est couverte de friche et de bois, et n'a d'autres habitans que la garnison et quelques familles de pêcheurs. Elle possède une citadelle qui servait autrefois de prison d'état et qui a renfermé des prisonniers de haute distinction, et notamment le fameux Masque de fer. L'autre porte le nom de Saint-Honorat. Elle est sans port et sans population, si ce n'est un fermier qui l'habite et qui est visité parfois à l'époque de la chasse; car cette île, qui se trouve garnie de pins, contient une quantité prodigieuse de Perdrix et de Lapins. Sainte-Marguerite et Saint-Honorat sont entourées de rochers et d'écueils qui en rendent l'approche très-difficile : aussi ces deux îles ne sont-elles fréquentées que par des barques ou des bâteaux de pêcheurs.

Comme il a été fait un article spécial pour la Corse, nous y renverrons le lecteur. Nous ne dirons rien non plus des autres îlots ou rochers qu'on rencontre dans la même mer et près des côtes de France, car ils n'offrent point assez d'intérêt.

Une chose digne de fixer l'attention du géologue, et qui se rapporte généralement à toutes les îles dont nous venons de parler, c'est qu'elles sont composées des mêmes terrains que ceux du continent vis-à-vis duquel elles sont situées : en face du terrain de gneiss, les îles sont formées de gneiss, en face du terrain de grès, elles sont formées de grès, etc.

FIN.

9 782013 431095